PASA UN DIA CON ALEX

Dr. Ralph "Defender" Morales

-Creativo- Resiliente- Curioso- Talentoso-

A mi querido hijo, Alexander (Alex), y a todos los maravillosos niños en sus viajes únicos: los vemos, los oímos, y celebramos la belleza de quiénes son. Estamos aquí para ustedes, siempre.

Reconocimientos

Mi más profundo agradecimiento a todos los profesionales en el campo del autismo—maestros, educadores y terapeutas—que han estado junto a mi hijo Alex desde el principio, así como al lado de innumerables familias alrededor del mundo. Su dedicación y apoyo constante han brindado esperanza incluso en los momentos en que los logros parecían inalcanzables.

Sus orientaciones han sido clave para que Alex, y muchos otros en trayectorias similares, alcancen metas que alguna vez creímos imposibles.

Gracias también a todos los terapeutas de Análisis de Conducta Aplicado (ABA) y a los terapeutas del habla en todo el mundo por sus contribuciones de valor incalculable.

NOTA DEL AUTOR

Como padre dedicado a mi hijo extraordinario, mi camino ha sido una búsqueda constante de respuestas para lograr lo que alguna vez pareció imposible. Juntos hemos abierto puertas, trabajando incansablemente para que él alcance su máximo potencial.

No existe un manual único para criar a un niño con autismo. Es un camino que nos invita a abrazar una experiencia única, donde ellos pueden descubrir quiénes son, mientras los rodeamos de amor incondicional y apoyo constante. En este proceso, podemos derribar estereotipos, celebrar avances y honrar cada logro como una verdadera victoria.

Como madres y padres, unámonos como sus defensores más firmes—apoyando a estos niños creativos y talentosos, y alentándolos en cada paso. Juntos, podemos iluminar su camino y construir un mundo que abrace sus dones extraordinarios.

¡Wepa! Me llamo Alex.
No hablo mucho, pero sé
bien lo que me gusta.
¡Ven pa´ acá a pasar el día
conmigo y vas a ver!

Me encanta ir a la granja, ¡es mi lugar favorito!

Ahí veo a los animalitos y les doy su comida.

Aunque no diga mucho, se nota mi alegría,
con risas y una sonrisa que brilla todo el día.

¡Me encanta ir pa' la piscina!
Me tiro, nado y juego sin prisa.

Me gusta ir al parque,
ahí puedo mostrar lo que siento.
Con gritos de alegría,
y moviendo mis manos (stimming),
o simplemente columpiándome en el columpio
o bajando por el tobogán un chin más,
siendo yo mismo, sin miedo.

"¡Weeeeee, mírame!"
mientras intento tocar el
cielo con las manos. ¡ay!

No digo mucho,
pero se ve mi lado juguetón,
gritando feliz,
con un estallido de emoción.

Me gusta montar el guagua (el autobús) , pa' la escuela.
Me ayuda a ser independiente y valiente,
pa' hacer las cosas solito.

Puede que no diga mucho,
pero se nota que soy valiente,
cuando zapateo feliz (stimming)
y grito con emoción:
"¡Aquí viene el guagua – el autobús!"

Me encanta ir pa' la escuela,
donde aprendo a contar,
las letras del abecedario,
y las interacciones sociales
practicar.

No hablo mucho, pero atento estoy, cantando, compartiendo, y intento hablar, aunque a veces sólo repito (echolalia), ¡y así voy!

También me encanta viajar en avión,
porque desde arriba veo el mundo entero,
con diferentes países,
¡una aventura que siempre me hace feliz!
Como visitar muchos países diferentes,
conocer gente y aprender cosas nuevas.

Puede que no diga mucho,
pero se nota que soy un explorador aventurero,
cuando señalo con entusiasmo por la ventana:
"¡Guau, mira el cielo!
Disculpa, papá, ¿ya llegamos?"

Me gusta comer fuera,
en mi sitio favorito.
Siempre pido lo mismo:
arroz con gandules y
pollo frito. ¡Mmmmmm!

Puede que no diga mucho,
pero se nota que disfruto cada bocado,
con ruidosos sonidos de masticar crujiente.
¡Wepa, qué ricura!
"¡Crunch, crunch, crunch!"

Pero también hay lugares a los que debo ir,
como el hospital, pa' que lo sepas bien.
El personal del hospital siempre se asegura
de que reciba la mejor atención que necesito.

Puede que no diga mucho,
pero demuestro que estoy agradecido
con un pulgar arriba y una sonrisa feliz.

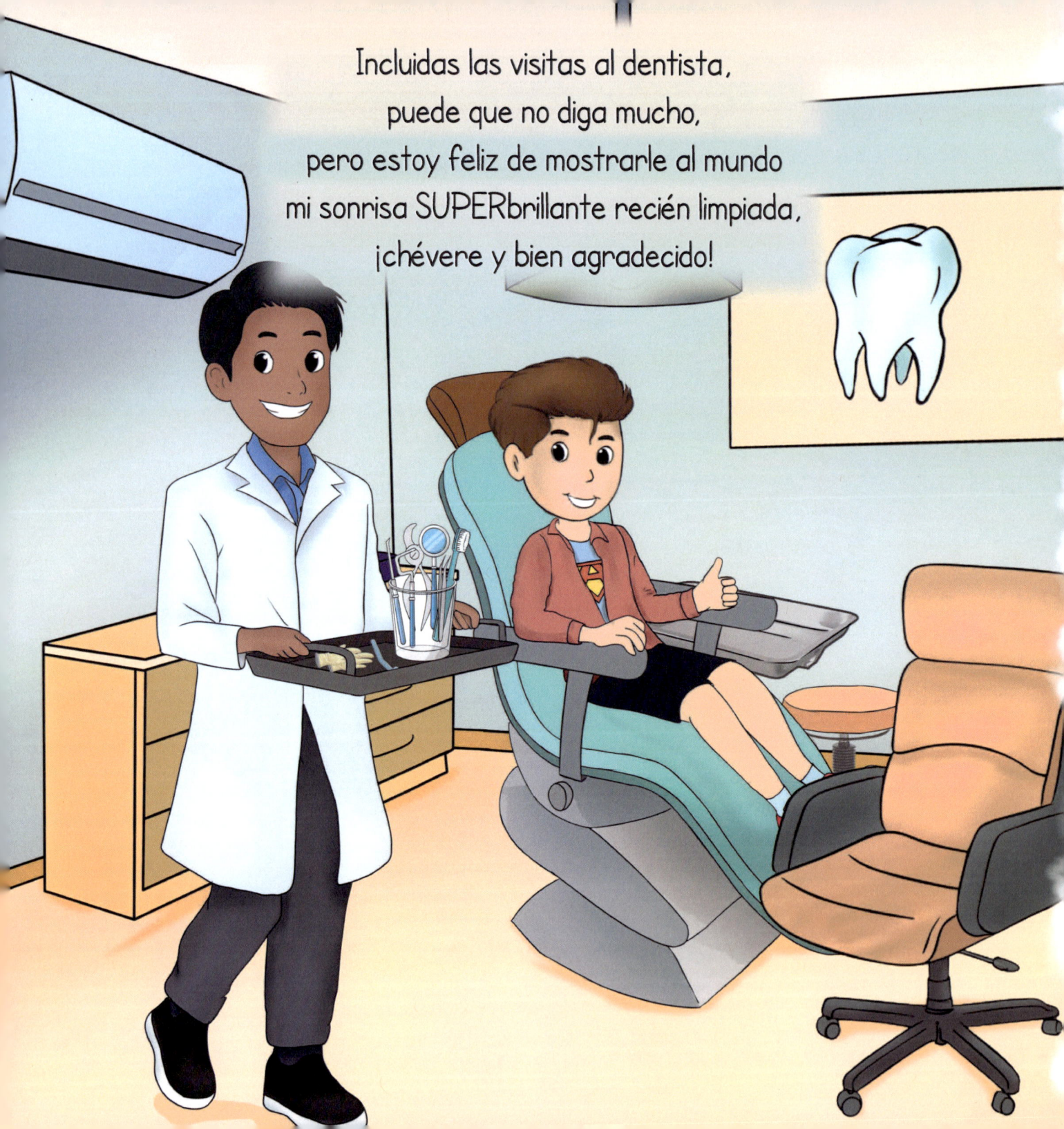

Incluidas las visitas al dentista,
puede que no diga mucho,
pero estoy feliz de mostrarle al mundo
mi sonrisa SUPERbrillante recién limpiada,
¡chévere y bien agradecido!

¡¡¡Genial!!! ¡Mis dientes brillan!

¡Meeeeeencanta!

"welcome baaaaaaa"

Otro lugar al que necesito ir
es al baño, pa' hacer pipí y caca,
los números uno y dos.
Leew, ¡fo!

Puede que no diga mucho,
pero se nota que tengo ganas,
cuando empiezo el baile de
la "hora del orinal."

¡Ay, bendito!

"welcome
baaaaaaa

Ir al baño no está tan mal,
porque después disfruto mi baño diario,
lleno de mis jueguitos favoritos
y muchas burbujas bien espumosas.
Es una forma bien chévere de relajarme
y tener más tiempo pa' jugar,
como una aventurita que tengo cada día,
¡y eso me pone bien feliz!

No hablo mucho,
pero se nota que me encanta jugar con el agua,
cuando grito emocionado:
"¡Splash, splash, splash!"

Bueno, ya se está haciendo tarde. Gracias por pasar el día conmigo. Ahora es hora de acurrucarnos y a dormir.

Puede que no siempre diga
mucho, pero se nota cuánto
me gusta compartir mi
mundo contigo.
Y ¿sabes qué?
Seguro tenemos
más en común
de lo que pensamos.

Así que descansa bien,
porque con un salto heroico,
me voy a dormir.
Buenas noches, mi amiguitos.
¡Bendición hasta nuestra
próxima aventura!

¿TE ATREVES A APRENDER MÁS?
Alex te anima a volar más alto y explorar
LOS SIGUIENTES TÉRMINOS CLÍNICOS:

Autismo

Trastorno del espectro autista

Estimulación

Perseverar

Ecolalia

Manding

AbA-Análisis Conductual Aplicado (Applied behavior analysis)

TO-Terapia ocupacional

FT-Fisioterapia

Intervención temprana

Integración sensorial

Reforzadores positivos del comportamiento

ALEX REGRESARÁ EN

ALEX, SU FAMILIA Y LA TUYA

¡Juntos podemos!

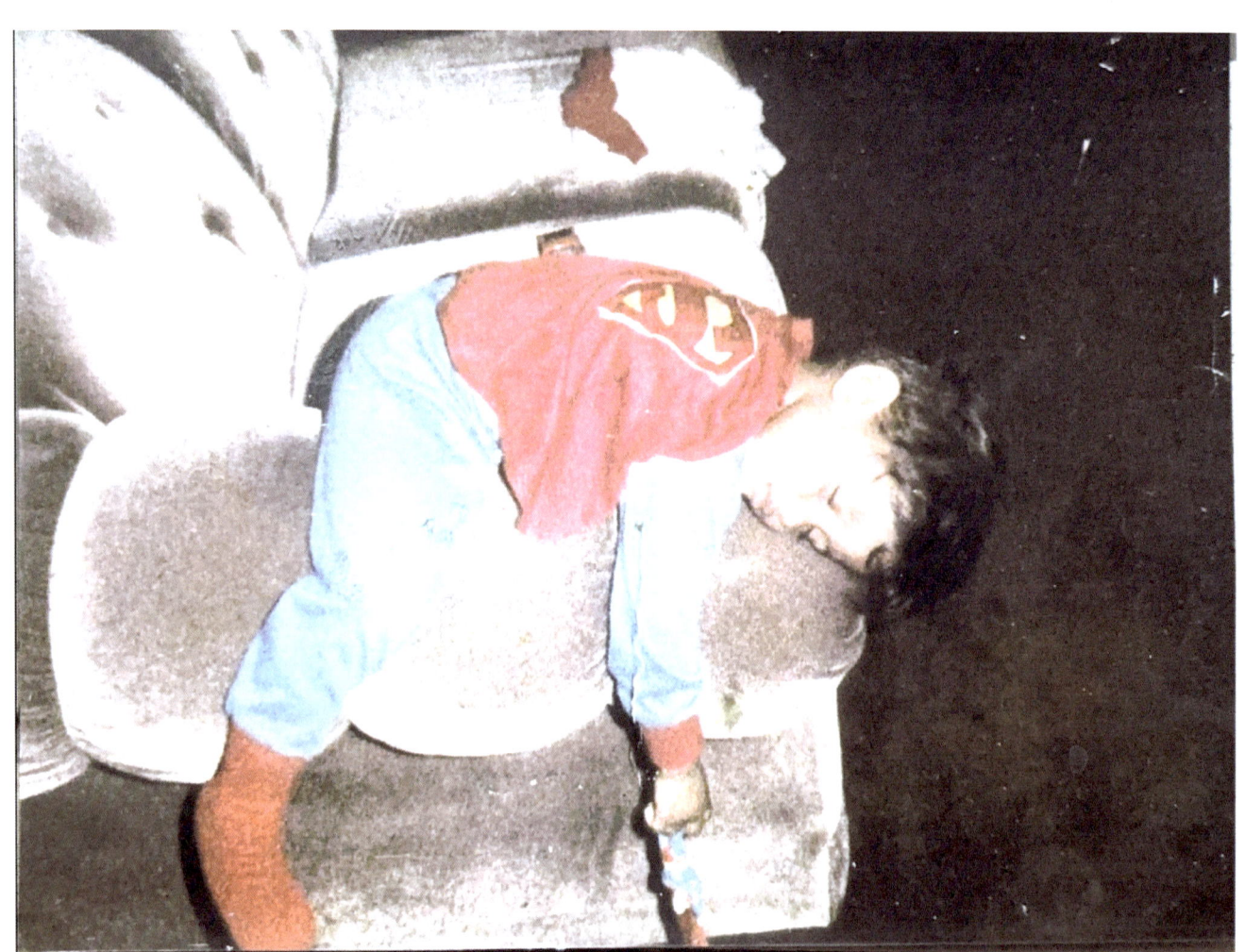

PASANDO LA CAPA

De niño, soñaba con ser tan fuerte
como el Hombre de Acero.
Hoy, le paso mi capa a mi hijo—
un niño creativo, resiliente,
curioso y talentoso.
La historia de Alex nos muestra que cada niño—
autista o neurotípico—
comparte los mismos sueños,
las mismas alegrías
y el mismo corazón hermoso.
Su camino le recuerda al mundo
que la verdadera fortaleza
no se encuentra en los poderes.
Se encuentra en el amor, en la familia,
en la aceptación
y en la esperanza por la aceptación del autismo.

~ Dr. Ralph *"Defender"* Morales
A.K.A.
~ **Dr. MO.**

www.ingramcontent.com/pod-product-compliance
Lightning Source LLC
Chambersburg PA
CBRC090829120626
46547CB00008B/638